AF338030

NOTICE HISTORIQUE

L'ÉGLISE DE FONCINE-LE-HAUT,

Par J.-B. MUNIER,

MÉDECIN, ANCIEN MAIRE, MEMBRE DE LA SOCIÉTÉ D'ÉMULATION DU JURA, DE LA SOCIÉTÉ D'AGRICULTURE, SCIENCES ET BEAUX-ARTS DE BESANÇON.

LONS-LE-SAUNIER,

IMPRIMERIE DE COURBET.

—

1847.

NOTICE HISTORIQUE

L'ÉGLISE DE FONCINE-LE-HAUT.

Par arrêté du 24 novembre 1846, ensuite des ordres de MM. les ministres de la justice et des cultes, M. le préfet du Jura invite MM. les curés et MM. les maires à fournir une notice historique sur les édifices affectés au service du culte catholique dans chaque commune; c'est, en quelque sorte, dans nos hautes montagnes, demander à chaque village son acte de naissance; car, dans cette contrée froide et stérile, la forêt séculaire, manteau du vieux Jura, resta long-temps rebelle et dut être tardivement habitée. Il n'y avait que des religieux, guidés par l'amour de la solitude, qui pussent chercher une retraite au fond de cette nouvelle Thébaïde et y fixer des colons; aussi la croix y fut toujours plantée avant le pennon féodal. La voix du prêtre guidait la main du défricheur, choisissait une place au soleil levant, déboisait quelques arpents de la forêt pour y dresser les premières cabanes autour de la croix, drapeau de la conquête. Moines et prêtres s'étaient faits les pionniers de la civilisation. L'autel de bois improvisé où se disait la première messe, avec la voix de la forêt pour orgue, l'eau bondissante du torrent pour lustrale, le calice de sapin sculpté par la main même du célébrant, constatait la première prise de possession. L'antique désert du Jura, qu'une charte d'Humbert III regardait encore, en 1126, comme appartenant au premier occupant (1), et ses forêts épaisses sont envahis. Ainsi saint Lupicin, couvert d'une peau d'ours, guida la hache des fidèles qui édifièrent le monastère de Lauconne; saint Romain bâtit la maison de bois qui abrita les premiers moines de Condat; Aubert et Didier commencèrent, vers l'an 525, à défricher le Grand-Vaux, et fondèrent les abbayes de Bonlieu et du Grand-Vaux. Simon, comte de Crépy, nouveau père du désert, vint, suivi de quelques frères, vers l'an 1075, donner naissance au prieuré de Mouthe. Sur les bords du lac de Saint-Point, en 1199; à Morteau, en 1100; à Mont-Benoit, en 1100; près du lac de Joux, en 1140, de pieux solitaires ont pénétré; à leurs voix, les antiques sapins tombent sous la cognée, et marquent la place où bientôt naîtront des villages. Les défrichements envahissent successivement les divers plateaux du Jura.

L'époque précise où la première pierre d'une chapelle fut posée à Foncine se perd dans la nuit des temps; et, si l'on en croit un mémoire produit dans le procès que nous avons eu avec les prieurs de Sirod, procès qui commença dès les premières années du 16ᵉ siècle, pour se continuer jusqu'au 18ᵉ, la première chapelle de Foncine serait presque aussi ancienne que le prieuré de Sirod. Cette opinion pourrait ne pas être invraisembla-

(1) Histoire des sires de Salins, aux preuves, page 36.

ble, si on consulte les dates des autres établissements
religieux dans nos montagnes ; et ces établissements,
ainsi que nous l'avons déjà dit, ont toujours précédé la
naissance des villages. Les défrichements ont commencé
par les pentes inférieures, d'où on s'est élevé aux hautes vallées ; les divers gradins du Jura ont été successivement envahis ; et les lieux les plus froids, ceux qui
s'enveloppent d'un voile de glace et de neige, ont été
les derniers habités ; ainsi Mouthe n'est né que plus de
deux cents ans après Sirod. Or, si, à quelques pas de
nous, le Grand-Vaux était peuplé ; si des abbayes étaient
fondées sur les bords des lacs d'Illay, de Joux et de St-
Point, beaucoup plus froid que Foncine ; si Mouthe
avait vu saint Simon venir lui demander l'asile qu'il regardait comme le plus solitaire de la vaste terre de St-
Claude, il est naturel de penser que Foncine, qui se
trouvait sur son chemin, n'était pas inhabité, et que là
aussi quelque modeste chapelle s'élevait au milieu de la
forêt. Cette conjecture prend encore plus de vraisem-
blance, lorsque, charte à la main, on peut prouver que
Châtel-Blanc, à peine distant d'une lieue, était habité ;
que même, en 1303, il était traité de bourg, tandis que
Mouthe portait encore le nom modeste de *Locus de Mu-
tua* (1). Si l'on en croit Chifflet, dans son *Vesontio*, le nom
de *Séquanie* viendrait de la rivière qui prend sa source
à Foncine, ce qui ferait que ce pays était connu dès une
époque fort reculée ; mais, comme le dit très-bien M.
Pyot, le berceau de la plupart des peuples est environné
d'une atmosphère ténébreuse qui prête trop aux récits

(1. E. Clerc, page 309 ; Bourgon, 267 ; Crestin, 150.

fabuleux. Toutefois, le savant M. Monnier publiera dans un prochain annuaire des détails intéressants qui démontreront qu'il est probable que ce lieu n'a pas été inconnu aux druides, et que peut-être il est en *Séquanie* un des derniers qui aient entendu les derniers accords de la harpe des bardes.

Cependant, avant le 12ᵉ siècle, ni les archives de Condat, ni celles des prieurés voisins ne font mention de Foncine ; cela devait être, puisque cette terre, dépendant d'abord de l'abbaye d'Agaune, elle faisait partie de celle que Sigismond, roi de Bourgogne, avait donnée, vers l'an 523, à ce monastère. Ce monarque, devenu le meurtrier de son fils, ensuite d'accusations plus que suspectes de la part d'une marâtre, crut apaiser ses remords par de pieuses largesses. « Il emplioit, dit Gollut « (1), la pluspart de son temps à plorer la mort de son « aîné, à bâtir et à renter des Ecclises. » L'an 941, Maynier, prévôt du monastère ds Saint-Maurice d'Agaune (2), transporta à Alberic les terres que son église possédait dans les comtés de Varasque et de Scodingue. Conrad, roi de Bourgogne, approuve cette cession qui fut faite la cinquième année de son règne.

La terre de Foncine, ainsi que de Château-Vilain d'où elle dépendait, comme nous l'avons déjà dit, faisait partie de cette concession. « Les termes de l'inféodation « primitive, dit M. Bourgon (3), comme ceux des actes « d'hommage, ne sont pas assez précis pour pouvoir dire

(1) Gollut, p. 223.
(2) Sire de Salins, p. 5.
(3) Bourgon, page 122.

« tout ce que l'abbaye d'Agaune avait cédé aux sires de
« Salins : et l'histoire de ce monastère, dans ses rapports
« avec nos montagnes, ne nous est d'ailleurs pas assez
« connue pour retracer tous ces détails avec exactitude. » Le
« val de Miéges (1), dit E. Clerc, dépendait aussi des sires
« de Salins ainsi que les terres qui ont formé la seigneurie
« de Château-Vilain et qui s'étendaient jusqu'à la terre de
« Saint-Claude. » Le diplôme de Charlemagne, de l'année
790, avait fixé les limites de la terre de Saint-Claude ;
elle suivait, de ce côté, le versant du Mont-Noir, *sicut
pendet niger mons*, dit la charte. Cette limite a toujours
été respectée dans les actes de délimitation qui sont in-
tervenues ensuite entre les habitants de Foncine et les
communes qui dépendaient de la terre de Saint-Claude,
ainsi que nous le voyons dans un acte du 7 février 1698.
Les limites entre Foncine, Châtel-Blanc, Chapelle-
des-Bois, furent fixées *au cret des Isles*; la cour était
suppliée de remarquer « que cette contrée du *Cret* des
« Isles est située au-dessus de la grande montagne qui
« renferme le *val de Foncine* qui a près d'une lieue de lon-
« gueur ; qu'elle tire sa dénomination d'une roche qui
« est au-dessus de cette même montagne que l'on nomme
« *Cret des Isles*, et qu'elle s'étend dès le dessus de cette
« montagne en tirant de vers le levant contre le village de
« la Chapelle des-Bois, qui fait une partie du territoire de
« Châtel-Blanc. »

La terre de Chatel-Blanc, limitrophe de celle de Foncine, était composée des villages de Chatel-Blanc, Chaux-

____

(1) Essai sur l'histoire de Franche-Comté, par E. Clerc, 1er
volume, page 319.

Neuve, Chaux-Choulet, Chapelle-des-Bois, Bois-d'Amont,
Belle-Fontaine et d'une partie du territoire des Rousses
et de Morbier (1). Elle faisait partie de la terre de Saint-
Claude (2), ainsi que le prouvent les chartes de 1266,
du 12 août 1301, du 2 mai 1303, du 26 juin 1351, du
18 mai 1364, 27 mai 1384. Mais Foncine ne faisait pas
partie de cette terre, et pour soutenir l'opinion contraire
on ne pourrait s'étayer de la charte du 28 février 1372,
par laquelle Hugues de Chalon deuxième et Guillaume.
abbé de Saint-Oyan, accordèrent aux habitants de Foncine, *demeurans en Foncine*, le droit d'usage dans la
terre de Chatel-Blanc, depuis les confins de la seigneurie de Mouthe jusqu'à ceux de la terre de Saint-Claude,
moyennant la cense annuelle de cinquante livres de
cire (3). Cette charte n'a trait qu'à des droits d'usage dans
le bois, car on voit que les seigneurs de Château-Vilain
et de Chatel-Blanc avaient chargé, en 1507, le seigneur
de Bolivan de limiter leurs seigneuries : nouveau traité
de bornage, du 11 juin 1474, entre Louis de Chalon,
prince d'Orange, seigneur de Chatel-Blanc, et Jean de
Joux et Pierre de Chauvirey, seigneurs de Château-Vilain
et de Foncine, *pour raison d'une partie de bois de la
haute Joux*, entre les seigneuries de Chatel-Blanc et de
Foncine. (4)

Simon de Commercy ayant épousé Nicolette, fille

(1) Bourgon, page 271.
(2) Le même, page 264.
(3) Cette charte est aux archives de la préfecture du Doubs,
tiroir n° 8, côté 6. Nous en avons des copies dans plusieurs titres
et la confirmation dans une charte de Clara Eugénie.
(4) Voir l'arrêt du parlement de 1509.

unique d'Humbert 4me, sire de Salins, fit bâtir, vers
1186, la forteresse de Château-Vilain, d'où dépendait
la terre de Foncine. Jean, comte de Bourgogne, ayant
acquis la seigneurie de Salins, Gaucher de Commercy se
reconnut son vassal, l'an 1240 ; ensuite le 15 juin 1237
Jean de Chalon obtint par échange du duc de Bourgogne les seigneuries de Salins et de Château-Vilain. Mais
notre but n'étant pas de faire l'histoire des différents
seigneurs qui ont possédé la terre de Foncine, et de
la suivre dans les mains des d'Arbon, des Duquart, des
Chauvirey, des de Joux, des de Vateville, nous nous
empressons de revenir à notre notice sur l'église de ce
lieu.

Pendant que la terre de Foncine dépendait de l'abbaye
d'Agaune et des sires de Salins, dans son voisinage était
né en 855 le prieuré de Sirod, celui de Mouthe en 1075
et celui de l'abbaye de Sainte-Marie en 1199 ; duquel de
ces établissements, s'il existait une chapelle à Foncine,
pouvait-elle dépendre ? Il est évident que ce n'était pas
de Mouthe. Devons-nous croire une vieille tradition qui
porte que dès que Foncine fut habité, ses rares habitants allaient faire leurs devoirs religieux à l'église de
Saint-Théodule, située sur les monts des Fours et berceau de l'abbaye de Sainte-Marie ? Cette opinion n'aurait
pour se soutenir que la raison que la terre de Foncine et
celle de Mont-Sainte-Marie dépendaient toutes les deux
des sires de Salins ; que Gaucher, 4e sire de Salins, avait
même doté ce monastère.

Des titres certains démontrent que dans le 16me siècle, l'église de Foncine dépendait de Sirod, et cette
église de Sirod dépendait elle-même depuis long-temps

de Saint-Claude ; en effet, par un acte du 17 des kalendes d'août 1151, l'archevvêqde de Besançon, Humbert, s'adressant à Adon, abbé de Saint-Oyan et à ses religieux, leur donna l'église de Sirod et beaucoup d'autres (1). Non content de posséder les vastes domaines de la maison de Salins, Jean de Chalon se fit inféoder la partie du Jura que l'abbé de Saint-Oyan possédait depuis l'époque carlovingienne. L'abbé se réserva, il est vrai, la totalité des droits spirituels, tels que les droits de patronage, d'offrande, de sépulture, etc.

Maintenant, ouvrons les archives de Saint-Claude et nous trouverons dans le *liber aureus* de cette royale abbaye que, dans les années 1307, 1309, 1310, 1311, il y avait à Foncine une chapelle qui appartenait en fief à cette abbaye et que le bénéfice de cette chapelle était à la nomination du seigneur abbé (2). Dans l'ancien pouillé de cette abbaye, dont nous possédons un extrait authentique (3), on trouve la mention de la chapelle de Foncine, ainsi que dans la copie que Dunod a imprimée de cet ancien pouillé (4). Cette chapelle primitive était commune à Foncine-le-Haut, Foncine-le-Bas et aux Planches qui ne formaient avant 1793, qu'une seule commune et dont les partages définitifs ne se sont opérés qu'en 1830.

Si le temps précis où cette ancienne chapelle a été

(1) Annuaire de 1844, page 135.
(2) Cote 1re des archives de notre église, copie authentique du *liber aureus*.
(3) Cote 2 de nos archives.
(4) Dunod, tome 1er, aux preuves pour l'abbaye de St-Claude.

érigée est inconnu, l'époque fixe où elle a cessé d'exister
pour donner naissance à l'église actuelle, l'est également;
cependant nous serions autorisés à penser que c'est dans
le cours du 15me siècle, ainsi que nous le dirons plus
loin.

On lit dans un mémoire déjà cité, qu'une pierre, sortie
de l'ancienne chapelle et portant le milliaire de sa fon-
dation, avait été placée à la voûte de la nouvelle église
pour perpétuer le souvenir de cette chapelle primitive ;
mais elle fut détériorée dans les mauvais jours de la révolution. L'ouvrier employé à cette œuvre de vandalisme
ainsi que nos vieillards qui ont été témoins de cet acte
sans nom, n'ont pu nous indiquer d'une manière certaine
la date inscrite sur cette pierre. L'emplacement de cette
ancienne chapelle est non-seulement connu par la tradition, mais, il y a peu d'années, un cultivateur a décou-
vert les vestiges de cette construction qui se trouvait à
peu de distance d'un oratoire érigé en l'honneur de saint
Roch, avec les débris de cette chapelle, et à l'entretien
duquel oratoire est consacrée une rente, produit de la
vente du sol de cette ancienne chapelle et du terrain ad-
jacent. Point de pièces ne nous indiquent en quelle année fut construite l'église actuelle ; nous savons seule-
ment qu'elle fut incendiée en 1639, et les titres qui
parlent de cet incendie (1) portent qu'elle était fort ancienne, ce qui la faisait remonter au moins au 15me siècle ; car si elle était fort ancienne , en 1639, la conséquence naturelle c'est qu'elle était de l'époque que nous
assignons.

(1) Aux archives.

Dans le 13me siècle, ainsi que nous l'avons déjà dit, la chapelle de Foncine était un fief de l'abbaye de Saint-Claude ; il est probable qu'elle fut une des églises comprises dans la dotation qu'Humbert, archevêque de Besançon, fit à Adon, abbé de Saint-Oyan, le 17 des kalendes d'août 1151 ; auparavant, si elle existait, comme cette terre dépendant de l'abbaye d'Agaune, nous pouvons présumer que la chapelle en dépendait aussi. Dans la charte de 942, on trouve, outre l'inféodation de Bracon-Miéges et plusieurs églises, *medictatem de Feostingo* (1) *et quid quid ad medictatem pertinet.* Les commentateurs avouent qu'ils ignorent où est cette localité Ces expressions s'appliqueraient-elles à notre pays qui faisait partie des terres cédées à Alberic par le prieur d'Agaune ? Comment la chapelle de Foncine, des mains de l'abbaye de Saint-Claude est-elle arrivée dans celle de Sirod ? Aucun acte ne nous indique ni ce transport, ni l'époque où il eut lieu ; ce qui nous paraît plus probable c'est que cette réunion ne fut jamais officielle, mais bien le résultat du malheur des temps et des guerres qui désolèrent le comté de Bourgogne ; ou même que Sirod étant un prieuré dépendant de Saint-Claude, fut chargé, à cause de l'éloignement de St.-Claude, de desservir Foncine d'où il était plus voisin, et qu'ensuite de l'idée qu'ont toujours eue les prieurs de Sirod de s'affranchir de Saint-Claude, ils s'arrogèrent ce droit dont la possession sanctionna la légitimité. Nous lisons, cote 5 de nos archives, dans un extrait de pouillé de Besançon, au sujet de Sirod :

« Comme la nomination des prieurs de Sirod était à la

---

(1) **Dans** quelques exemplaires on lit *froscingo* ou *frestingio.*

« simple disposition de l'abbé de Saint-Claude, que dans
« ces temps reculés il était en droit d'instituer et de des-
« tituer à volonté, il arriva enfin que ces personnes éri-
« gées en la qualité de prieurs de Sirod, pour s'assurer de
« n'être point destituées, s'avisèrent de prendre des ins-
« titutions audit prieuré, tantôt de l'ordinaire diocésain,
« et tantôt du pape : ainsi, Guillaume de Chauvirey prit
« institution de l'ordinaire de Besançon le 28 avril 1550.
« Louis Desbarres fit de même en 1556, et même après
« une contestation au sujet du prieuré, s'en fit pourvoir
« par arrêt du parlement. Pierre Charton fut institué par
« bulles de Clément VIII en 1592, Germain Charton
« par bulles de 1630, François Hugonnet par bulles
« d'Innocent X, en 1647. »

Dans le traité de 1627, l'église de Foncine est quali-
fiée d'église paroissiale. Elle fut incendiée en 1639, et
ne reçut aucun secours; car, dit la requête (1) présentée
à Mgr l'archevêque de Besançon pour demander la permission de célébrer la messe sur un autel provisoire, les
habitants à cause des guerres s'étaient réfugiés dans les
bois et les cavernes. Weymar alors désolait les monta-
du Jura et procédait de concert avec le comte de Nasseau
à l'attaque du fort de Joux, de Pontarlier, de Nozeroy,
de Château-Vilain, de Château-des-Crotenais et de Saint-
Claude. Girardot de Beauchemin dit, page 238 :

« Weymar mit en feu toutes nos montagnes dez Pontar-
« lier jusqu'à Salins; on voyait chaque jour des saintes As-
« nes fumées en divers lieux, et la nuit les feux des villages
« brûlants donnaient lueur, et en cette sorte furent con-

____

1, Pièces aux archives.

« sumées plusieurs centaines de beaux et grands villages
« et plusieurs maisons de gens de condition qui ne nui-
« saient en rien à Weymar n'y à la France, et paraissait
« assez que c'était une haine cruelle contre les catholiques
« Bourguignons qui transportait Weymar, ou le comman-
« dement de Richelieu qui voulait extirper les Bourgui-
« gnons. » Châtel-Blanc, Foncine-le-Haut, Foncine-le-Bas
et les Planches furent victimes de la fureur des Suédois,
l'une des troupes le plus déplorablement célèbres dans
nos montagnes où le nom *Suédois* est resté le symbole
de la dévastation. La mémoire des maux qu'ils firent
s'est conservée vivace et saignante chez les enfants du
pays ; ce legs de haine et d'effroi, transmis par les pères
qui ont souffert à leurs descendants s'est religieusement
conservée, il est l'objet des traditions les plus effrayantes,
et chaque village a son souvenir de malédiction.

Cette fuite de nos pères au milieu des forêts et dans
les cavernes de nos rochers, non-seulement a laissé des
traces écrites dans nos annales, mais il existe encore
des monuments conservés. En effet, on voit au Mont-Noir
le rocher sous lequel ils s'étaient abrités, les débris des
frêles constructions qu'ils avaient édifiées pour se cacher.
Dans l'annuaire de 1844, page 246, nous avons donné la
description du creux *Maldru* qui leur servait de refuge.
La paix ayant ramené le calme, les habitants quittèrent
leur retraite, mais auparavant ils érigèrent à *Combe-David*
un monument grossier composé de cinq pierres pour
célébrer leur heureuse délivrance ; plus tard on y a
construit un oratoire qui existe encore, et dont les pierres de l'*ex-voto* servent de fondements. La pierre qui
couronnait cet *ex-voto* et qui représente la fuite en

Egypte grossièrement sculptée, est conservée à Foncine-le-
Bas, dans la ferme de la *Grange-à-l'Olive* où elle a été
transportée de *Combe-David* par le propriétaire de la
dite ferme de la *Grange-à-l'Olive*. On peut encore la
voir, car elle est peu altérée. Nous émettons le vœu que
les communes achètent cette pièce et la mettent dans un
lieu plus convenable pour perpétuer le souvenir de ce
point historique de nos montagnes. Toutefois, nous ap-
plaudissons à la conduite du propriétaire de la ferme
où elle est conservée, qui a eu le bon esprit de sous-
traire à la destruction un monument précieux pour notre
histoire locale.

Jacques de Blavière, vicaire-général de Besançon,
nommé à cette fonction par l'archevêque d'Achey, le 28
juin 1659, au lieu et place de Philippe de Chifflet, pro-
nonça le démembrement de l'église de Foncine de celle
de Sirod. C'était en 1644. Le sieur Villemain, prêtre à
Sirod, présenta une requête à M. de Blavière contre le
démembrement, se fondant sur ce que, par suite de
cette mesure, un curé ne pourrait pas vivre à Sirod, car
tout ce que les habitants lui donnaient consistait en une
gerbe de froment et une d'avoine par chacun, et qu'il
n'avait pas plus de quarante paroissiens (1). Par sentence
du 25 avril 1645, M. de Blavière maintint son décret de
1644; nonobstant cette décision, le sieur Paraudier, successeur de Villemain, continuait à inquiéter Guillaume
Berthet, curé de Foncine. Alors l'archevêque d'Achey,
par un décret de 1646, défendit de troubler le curé institué à Foncine, et ce, sous peine d'excommunication.

(1) Le double de la requête en bonne forme dans nos archives.

Les habitants de Foncine avaient approuvé l'institution de Guillaume Berthet, curé de leur paroisse, ainsi que l'acte de démembrement de leur église de celle de Sirod.

Voici l'acte qui le constate et qui mérite d'être transcrit (1) :

« Le huitième jour du mois de janvier 1645, à l'issue
« de la grande messe, y célébrée par messire Guillaume
« Berthet, prêtre-curé dudit Foncine, même sur le ci
« metière d'Illec, à la requête d'icelui se sont présentés
« et comparus par devant moi, Claude Paulin de Mouthe,
« notaire scribe en la justice d'Illec, les habitants et
« manans dudit Foncine, lesquels tous en particulier ont
« déclaré sans force ni induction de personne, ains de
« leurpropre mouvement, qu'ils n'entendaient ni ne vou
« laient aucunement troubler, ni molester ledit sieur
« Berthet, à la prise de possession qu'il avait ci-devant
« fait de la cure dudit Foncine comme démembrée de
« celle de Sirod, ains y consentirent et désiraient qu'i
« celui sieur curé ne fut troublé ni molesté en icelle en
« aucune façon que ce soit. »

Nonobstant l'acte de démembrement de 1644, le consentement des habitants de Foncine à la prise de possession du 8 janvier 1645, le décret d'excommunication de M. d'Achey de 1646, le sieur Ruty, curé de Sirod, continua à chicaner le sieur Berthet, et s'obligea pour se redimer de ses vexations de faire le traité du 18 mai 1650 par lequel Berthet qui avait obtenu le démembrement y renonça. Ce traité, quoique fait sans la

____

(1) Aux archives.

participation des habitants de Foncine, fut approuvé par l'archevêque; il avait été fait avec l'assentiment du révérend Messire Claude-François Hugonet, prieur de Sirod. Après la mort de Guillaume Berthet, qui légua tous ses biens pour l'instruction des indigents de la paroisse (1), le sieur Euvrard, curé de Sirod, se présenta à Foncine pour y faire les fonctions curiales; on lui ferma les portes de l'église. Il fallut plaider avec lui, et ce procès donna lieu au traité de 1675. Les principales clauses de ce traité sont que l'église de Foncine serait desservie par les vicaires nommés par les curés de Sirod; que les habitants de Foncine ne pourraient cependant être obligés de rendre ni de faire ailleurs que dans leur église aucun des devoirs de paroissien, de la manière qu'ils en avaient toujours usé d'un temps immémorial; que les vicaires qui seraient établis à Foncine, ne pourraient l'être que de leur agrément : que les curés de Sirod seraient obligés de les changer toutes les fois qu'ils les en requerraient par le fait de leurs fabriciens ou de leurs échevins : qu'ils pourraient faire desservir leurs confréries par tel prêtre qu'ils choisiront : que ce prêtre entendra les comptes des confréries, créera les officiers et recevra les confrères, sans que le curé de Sirod ou son vicaire y puissent apporter aucun empêchement. Ils stipulent de plus, qu'ils resteront dans tous les droits à eux acquis par le démembrement de leur église, s'ils venaient jamais à être inquiétés pour quelque cause que ce fût ou qu'on pensât les charger de quelque droit autre que ceux auxquels ils s'assujétissaient.

(1) Son testament est aux archives.

Malgré un traité si exprès, les curés de Sirod ne cessè-
rent d'inquiéter Foncine à l'occasion du démembrement.
Au curé Euvrard succéda le curé Gillard qui obtint le traité
de 1697 par lequel les échevins de Foncine consentirent
que leur église demeurerait à perpétuité une vicairie
perpétuelle dépendante de Sirod, et desservie par des
vicaires que les curés de Sirod nommeraient. On régla
de plus les revenus qu'auraient le curé de Sirod et son
vicaire de Foncine. Ce traité fut fait à la participation de
Jean Humbert, prêtre familier de Sirod.

Sur la présentation de Claude-François d'Orchamps,
prieur de Sirod, Jean-Louis Munier obtint en cour de
Rome, en 1693, des bulles qui le nommaient à la vicairie
perpétuelle de Foncine (1). Appelé plus tard aux fonctions
de premier aumônier de Madame la princesse de Conti.
il eut pour successeur dans le vicariat de Foncine Jacques
Oudet, nommé par le curé Gillard le 28 juillet 1699.
Pendant que Jean-Louis Munier était vicaire de Foncine.
il fut aussi inquiété par Sirod, ainsi qu'on peut le voir
dans la sentence de 1696, rendue par le chanoine l'Es-
chelle, et par la décision du chanoine Linglois, nommé
commissaire pour examiner la question de démembrement. En 1698, il annula le démembrement de 1644 :
mais les habitants de Foncine interjetèrent appel comme
d'abus de la sentence de 1698.

Au milieu de toutes ces dissensions, l'église de Foncine
n'avait encore pu se relever de l'incendie de 1639. La
voûte qui n'avait pas été détruite menaçait ruine, toutefois elle a duré jusqu'en 1846, et dans sa reconstruction

(1) **Aux archives.**

on a trouvé les traces évidentes de l'incendie constaté par nos archives, les murs étaient lézardés ; on disait la messe sur des autels provisoires, et d'année en année des requêtes étaient présentées à l'archevêque pour demander la permission de continuer ce provisoire que le malheur des temps rendait nécessaire (1). On avait bien fait quelques réparations; ainsi, en 1659, on avait construit en bois une flèche très-élevée et un clocher à la place de l'ancien qui avait été détruit par l'incendie déjà mentionné.

M. Oudet conçut le projet de rétablir l'église et de construire une tour en pierre; il s'en ouvrit à l'aumônier de Madame la princesse de Conti. Ce vénérable prêtre, pour aider le vicaire perpétuel de Foncine dans son œuvre, lui donna, ainsi qu'à son cousin Jules Munier, procuration pour vendre les rentes qu'il possédait à Foncine, et il ajoute qu'en cas que M. Oudet et son cousin Jules Munier, trouvent que cette aumône (ce sont ses propres expressions dans la lettre qui est aux archives) est insuffisante, il y suppléera par son bien du Vernoy. M. Oudet se plaignit à ce vieillard des contradictions qu'il éprouvait par sa seconde lettre (2); il lui dit de ne pas se décourager, l'engage à s'adresser à l'intendant de la province. Ce conseil fut suivi, et dans une requête que nous avons sous les yeux, on lui exposait l'état de délabrement de l'église; qu'il existait une flèche en bois, prête à tomber ; que les cloches qu'elle recouvrait, qui sont en nombre de trois, pesant ensemble six mille deux cents,

(1) Les requêtes aux archives.
(2) Egalement aux archives.

ébranlent de plus en plus ce vieil édifice, déjà abîmé par
le feu de 1639; qu'il est nécessaire d'abattre cette flèche
et de construire une tour. On fait remarquer que
cette mesure est déjà prescrite par l'archevêque de Besançon. Dans cette requête, on se plaint fort amèrement
de ce que les habitants de *Combe-David* ne veulent rien
fournir, sous prétexte qu'ils sont de la paroisse de Chatel-Blanc. Cependant on prouve que leur prétention est
mal fondée en invoquant l'acte de délimitation interve-
nu entre ces deux communes, relativement à la charte
du 28 février 1372, par laquelle on avait accordé des
droits d'usage aux habitants de Foncine ; qu'un arrêt
du parlement a posé le *Grand-Cret* pour limite entre les
deux communes; qu'ainsi *Combe-David* se trouve dans
la limite de Foncine; que le seigneur de Foncine a toujours perçu la dime à *Combe-David* ; que les habitants
de ce hameau ont toujours payé pour l'entretien de l'é-
glise et de la cure de Foncine, un petit *fromage de ménage accompagné du manipule* de chanvre et une écuelle
de *chenevé* et au prêtre dix sous par ménage, et cinq
sous de plus pour ceux *qui mettent* bête en charrue. (1).

Par jugement sur requête de M. l'intendant, en date
du 30 septembre 1736, visite de l'église fut faite le 15
août 1737 «par M. Regnaudot, subdélégué au bailliage de
« Poligny, y appelé le sieur Despotaine, maître archi-
« tecte et entrepreneur dans les ouvrages du roi, lequel
« ayant juré, fit son rapport, qu'en rétablissant le clo-
« cher dans le même endroit, on ne pourrait le faire so-
« lidement; pourquoi il a dit que pour le bien d'une

(1) Pièce aux archives.

« grosse paroisse, il convenait de faire un ouvrage solide
« et de construire un nouveau clocher au devant de la
« grande porte de l'église, à chaux et arène. Il en a
« dressé un plan et fait devis avec plan (1) de la dite
« église. Pourquoi les habitants délibérèrent solennelle-
« ment, le sixième octobre 1737, en obligeant leurs
« biens. » Permission fut accordée le 25 mai 1738.
Marché fut fait le 25 août 1740, avec Pierre-Antoine
Roz, de la Mouille, pour la construction du nouveau clocher (2). Le dit Roz ne devait faire que la maçonnerie.
Les habitants de Foncine fournissaient la pierre rendue
sur place, la charpente et tous les matériaux.

Les exigences de Sirod continuaient un procès
pendant au bailliage, et Foncine venait d'être con-
damné à contribuer aux réparations de la cure et de
l'église de Sirod. Par transaction du 21 juillet 1725 les
habitants de Foncine, par le fait de leurs échevins, consentirent à donner une somme de 550 livres pour ces
réparations et celle de trente-trois livres par an pendant le temps qu'ils resteraient paroissiens de Sirod.
Par acte en date de 1716, le prieur d'Orchamps donna à
Foncine, pour faire une mission de dix ans en dix ans,
une somme de mille livres; il augmenta son premier don
d'une somme de 500 livres, par acte de 1722; il mourut
en 1725 (3). De 1708 à 1709, M. Oudet avait obtenu de
M. Jobelot, vicaire général, des reliques de saint Marcelin,

(1) Nous possédons le plan, il a été communiqué à M. Borne,
chargé de la reconstruction de 1846.
(2) Pièces aux archives.
(3) Pièces aux archives.

martyr et de saint Eugène, de chaque saint un petit os.

En 1729, les habitants de Foncine réclamèrent enco-re que leur église fut démembrée de celle de Sirod. Rejet de cette demande par Mgr l'archevêque de Besançon, le 1er septembre 1755.

En 1742, à la sollicitation du roi, le Pape Benoit XIV sécularisa l'abbaye de St-Claude et l'érigea en évêché suffragant de Lyon. Les religieux en formèrent le chapitre, ils étaient au nombre de vingt. Mgr. de Mallet-de-Fargues fut le premier évêque. M. Oudet, vicaire en chef de Foncine, fut assigné pour déclarer ce que Foncine redevait au prieuré de Sirod dont les bénéfices devaient être réunis à la manse capitulaire (1). Déjà accablé par les années, M. Oudet avait pris pour vicaire M. Baignier, qui lui succéda comme vicaire perpétuel. Ce prêtre mourut le 5 août 1777, à l'âge de 80 ans. Il eut pour successeur M. Lhomme vicaire à Château-Chalon.

Nouvelle demande de démembrement en 1780; opposition de M. Dupotòt, prieur de Sirod.

Les curés et prieurs de Sirod étaient cependant plus préoccupés de toucher les deniers de Foncine que de faire desservir cette paroisse; depuis 1777 à 1784, six vicaires s'étaient succédés, et enfin plusieurs dimanches s'étaient écoulés sans qu'aucun prêtre parût à Foncine; aussi les habitants avaient fait dresser des procès-verbaux authentiques de ce fait, et le curé Létoublon, de Sirod, avait reçu, par le ministère d'huissier, plusieurs sommations d'avoir à faire desservir cette paroisse, conformément aux anciens traités (2).

(1) L'acte d'assignation est aux archives.
(2) Les actes d'assignation sont aux archives.

Foncine après tant de débats fut enfin érigé en cure.
Nous donnerons copie de l'acte de prise de possession,
car cette pièce indique les formalités usitées en pareil
cas avant la révolution.

« Par devant le notaire royal soussigné, fut présent
. M. Jean-Baptiste Marandet, prêtre originaire de Chalê-
« me, lequel étant revêtu du surplis et d'une étole, au
« devant de la principale porte de l'église de Foncine-le-
« Haut, tenant en main le décret donné par Mgr Ray-
« mond-de-Durfort, archevêque de Besançon, en date
« du 20 décembre 1784, par lequel il a érigé Foncine-
« le-Haut en bénéfice-cure, et par lequel il a donné et
« conféré de plein droit le dit bénéfice-cure au dit
« sieur Marandet; les lettres patentes de sa majesté,
« données à St-Cloud, au mois de septembre dernier,
« enregistrées aux actes importants du parlement de
« Franche-Comté, en exécution d'arrêt de la dite cour
« du 15 décembre aussi dernier, par lesquelles lettres
« patentes sa majesté autorise et confirme le dit décret;
« l'arrêt d'envoi en possession du dit parlement, en
« date du dit jour, 15 décembre dernier, dûment signé
« et scellé, à la fin duquel est la prestation de serment
« requis, faite par M. Claude-Antoine Remillet, procureur
« au dit parlement, au nom, et comme ayant charge
« du dit sieur J.-B. Marandet, prêtre dénoncé dans le
« dit arrêt, par devant messire Claude-Antoine-Catheri-
« ne Boquet, de Courbouson, président à mortier du
« parlement de Franche-Comté, aurait présenté les dites
« lettres à M. J.-Clément Jacquemot, prêtre, docteur
« en théologie, curé de Loule, pour à vue d'icelles le
« mettre en la réelle possession de la dite cure de Fonci-

« ne-le-Haut, aux honneurs, fruits, profits, droits et
« revenus y attachés ; lequel sieur Jacquemot, après
« avoir lu et examiné les dites lettres, les ayant recon-
« nues en due forme, aurait introduit le dit sieur Ma-
« randet dans la dite église. »

« Ensuite de quoi ledit Jacquemot, en présence de la
« paroisse assemblée au son des cloches, aurait déclaré
« publiquement qu'il mettait et envoyait ledit sieur Ma-
« randet en la vraie réelle et actuelle possession de la
« cure de Foncine-le-Haut, à laquelle prise de posses-
« sion personne n'a apporté empêchement. A Foncine,
« le 3 janvier 1786. »

Outre le vicaire perpétuel nommé par Sirod ou le curé
ensuite de l'érection en cure de Foncine, il y avait un chapelain depuis les temps les plus reculés, chargé, ainsi que
le porte le traité de 1673, de desservir les confréries ;
plusieurs de ces confréries avaient été érigées par bulles
des papes dont on conserve encore les originaux et les
réglements dans nos archives. Ces confréries étaient
riches et puissamment dotées, ce qui avait eu lieu par
suite de dissensions incessantes avec Sirod. Parmi les
chapelains chargés de desservir ces confréries, nous
citerons MM. Charles, Jannin, Dabrez, Athanase, Oudet,
Jacquin. Par suite de la révolution, les biens et les
rentes de ces confréries furent vendus.

Pendant le temps le plus orageux de la révolution, le
service du culte catholique ne fut pas interrompu à
Foncine ; souvent il avait lieu à la chapelle des Ruines
dont nous parlerons plus loin, et ordinairement au *Creux*
Maldru ; on y voit encore les monuments qu'a laissés le
temps de persécution du sacerdoce. En effet, les réfu-

giés avaient bâti dans cette grotte un mur qui subsiste encore en partie. L'une des pièces servait de crypte. On y voit un bénitier taillé dans le roc vif ; à un décimètre de profondeur, une niche où était placée une petite statue de la vierge ; l'emplacement de l'autel reconnaissable à des entailles marquées dans la pierre et à des trous pratiqués dans la masse du rocher pour y fixer des pièces de bois. On conserve le ciboire, un ostensoir et un calice en bois de sapin couvert de papier doré dont se servaient les prêtres réfugiés dans cette grotte. Tous les jours on y célébrait la messe. Souvent le dimanche, lorsque le temps était favorable on la disait en plein, air au-dessus de la montagne. (Voir, pour plus de détails, l'annuaire de 1844, page 246, 247, 248 et 249.)

CHAPELLES ET ORATOIRES DÉPENDANTS DE L'ÉGLISE DE FONCINE.

1° En 1684, le sieur Jacquet, prêtre, fit ériger dans l'église de Foncine-le-Haut, une chapelle sous le vocable de St-Pierre, qu'il dota au moyen de deux pièces deterre dont le revenu était d'environ 50 livres, se réservant pour lui et ses successeurs le droit de nomination à la chapelle en tout temps. Ce droit a été exercé tant par lui que par ses héritiers exclusivement à tous autres jusqu'en 1740 que le titre de bénéfice a été éteint par l'union de la chapelle à l'église de Foncine-le-Bas. Nous verrons plus loin les débats auxquels donna lieu ce bénéfice de la chapelle de St-Pierre, exigé par le prêtre Jacquet qui eut pour successeur son frère, Guillaume Jacquet, chirurgien.

2° *Eglise de Foncine-le-Bas.*

L'église de Foncine-le-Bas ne fut d'abord qu'un petit oratoire situé au milieu du carré de l'église actuelle et dont l'époque précise d'érection ne nous est pas connue. Elle devint ensuite une chapelle. En effet, par suite d'acte en date de 1610, reçu Petelin, notaire, passé entre les habitants de Foncine-le-Haut et Foncine-le-Bas, les habitants de ce dernier lieu obtinrent de l'archevêque de Besançon l'autorisation de bâtir une chapelle, et bientôt le service divin y fut célébré par les prêtres de Foncine-le-Haut, sans cependant que Foncine-le-Bas cessât de contribuer à l'entretien de l'église et du presbytère de Foncine-le-Haut, de dépendre de Sirod et de lui payer la dîme et autres redevances. Par traité de 1617, passé entre Foncine-le-Haut et Foncine-le-Bas, les habitants de ce dernier village se reconnaissaient paroissiens de Foncine-le-Haut, promettaient de rester toujours unis, et devaient faire tous leurs devoirs religieux audit Foncine, même enterrer leurs morts dans le cimetière de cette commune.

Ils tentèrent en 1755 d'obtenir un décret d'érection de leur chapelle en église vicariale, mais sans succès. Mgr l'archevêque répondit leur requête par *néchet*, *quant à présant*. Les motifs de ce refus étaient de ne pas charger les décimateurs des frais d'une nouvelle desserte.

Les habitants comprirent bien après cette tentative que s'ils voulaient avoir un vicaire résidant, il fallait qu'ils se chargeassent eux-mêmes de payer la pension congrue de ce vicaire, sans quoi toute supplique serait répondue comme la première.

Ils s'occupèrent donc du soin de pourvoir à la subsistance de ce vicaire sans que les décimateurs ou le curé de Sirod, dont la chapelle de Foncine-le-Bas dépendait, en fussent chargés.

Le prieuré relâcha sa dime en blé, d'une valeur de 60 livres et environ 10 livres de bons deniers, provenant de la chapelle. La fabrique joignit 105 livres de revenus provenant de diverses fondations faites à dessein depuis plus ou moins long-temps, et deux jardins avec un verger d'environ 20 livres de revenus. La paroisse, par un acte notarié sous la garantie des plus riches particuliers, s'engagea à donner un traitement annuel de cinquante écus.

Le sieur Jean-François Jacquet, patron, comme successeur du prêtre et du chirurgien Jacquet, de la chapelle St-Pierre, érigée et dotée à Foncine-le-Haut, offrit de consentir qu'elle fût unie à l'église de Foncine-le-Bas pour les revenus être employés au paiement du vicaire qui les desservirait.

Munis de ces ressources, les habitants de Foncine-le-Bas firent une convention avec Gillard, curé de Sirod, par laquelle ils se reconnaissaient dépendant de Sirod. Ledit Gillard consentait à l'érection de leur chapelle en vicariale, indépendante de celle de Foncine-le-Haut; que dans cette chapelle, le vicaire amovible donné par Sirod, ferait toutes les fonctions paroissiales et curiales; pour prix de cette concession, les habitants de Foncine-le-Bas devaient payer au curé de Sirod la somme de 16 livres, en son domicile, le jour de St-Pierre. Les habitants de Foncine-le-Bas donnèrent pouvoir à leurs échevins, Pierre-Henri Munier, Pierre-Antoine Jeannin et

Henri Munier, de poursuivre l'exécution de ce traité et
d'en obtenir l'autorisation de l'archevêque de Besançon.
Ils s'adressèrent donc de nouveau au diocésain, à l'effet
d'avoir un prêtre résidant chez eux et pour lui demander l'union de la chapelle St-Pierre à leur église, du
consentement du patron.

Après information de *commodo et incommodo*, tant
de l'érection de la chapelle existante au bas de Foncine,
en église vicariale, que de l'union demandée, le diocésain rendit un décret le 4 novembre 1740, par lequel il
permit « aux habitants de Foncine-le-Bas de se pourvoir
« d'un prêtre pour résider audit lieu et les y desservir
« *in divinis*, y administrer les sacrements et y faire tous
« ses offices paroissiaux, déclarant leur église vicariale
« et dépendant immédiatement de celle de Sirod, indé-
« pendante de celle de Foncine-le-Haut. *A charge par*
« *eux de fournir audit vicaire résidant un logement*
« *convenable et des fonds suffisants pour sa pension.*
« De même de pourvoir à l'entretien des bâtiments, or-
« nements, luminaire et autres besoins de ladite église.
« Et en conséquence et conformément aux offres et sou-
« missions du sieur Jacquet, patron de la chapelle St-
« Pierre, érigée en l'église de Foncine-le-Haut et du
« consentement du sieur Charles Villermot qui en était
« pourvu alors, transfert et unit ladite chapelle, fruits
« et revenus d'icelle à perpétuité, à l'église et au maître
« autel de Foncine-le-Bas, pour lesdits revenus être em-
« ployés à l'entretien et partie de la pension du vicaire
« amovible qui desservirait leur église. »

Cette union eut son effet; et depuis 1740, les habitants du Bas de Foncine, obligés de payer le vicaire qui

les desservait, ont joui des revenus de la chapelle sans éprouver la moindre difficulté jusqu'en 1775 que le sieur abbé Jacquin s'étant persuadé que la chapelle était vacante par le décès de Vuillermoz qui en avait été le dernier titulaire, obtint de l'ordinaire des lettres d'institution *jure devolutionis*, faute par le patron d'avoir présenté dans le temps utile.

Muni de ce titre, le sieur abbé Jacquin prétendit toucher les revenus de la chapelle. Alors les fonds de la dotation avaient été affermés par les habitants de Foncine-le-Bas, par bail notarié en date de 1765. Ce fermier à qui l'abbé Jacquin avait notifié son titre, refusa de payer le terme échu au mois de septembre 1775, ce qui donna lieu à un procès dans lequel on voit :

1° Les habitants de Foncine-le-Bas soutenant la validité de l'union et de l'érection de leur église vicariale indépendante de celle de Foncine-le-Haut.

2° Le sieur abbé Jacquin, appelant comme d'abus.

5° Les habitants de Foncine-le-Haut, appelant comme d'abus.

4° Le comte de Vateville et le prieur Despotot, en qualité de décimateurs.

Ce procès terminé, la paroisse de Foncine-le-Bas s'augmenta successivement. La chapelle qui ne consistait, à son orrigine, que dans le carré du milieu actuel de l'église, fut agrandie du chœur au levant, par un permis de 1692, puis de la chapelle à bise et de celle au vent vers 1735, puis de l'entrée qui porte le clocher, enfin du chœur actuel en 1837.

L'église de Foncine-le-Bas a été érigée en succursale sous le vocable de saint Pierre.

LA CHAPELLE DES PLANCHES.

Cette chapelle, érigée en 1724 comme celle de Foncine-le-Bas, était dépendante de Foncine et de Sirod dans le principe, car ces trois communes, ainsi que nous l'avons dit déjà, n'en formaient qu'une.

Erigée en succursale sous le vocable de St-Jean, nos archives ne renferment rien de particulier à son égard.

LA CHAPELLE DES RUINES.

A une époque ancienne, il existait un oratoire aux Ruines, hameau de la commune de Foncine-le-Haut ; mais il était tombé faute d'entretien ; il n'en restait plus que la cloche fondue à Pontarlier en 1659. Les habitants de ce hameau s'adressèrent à l'archevêque pour avoir la permission d'y construire une chapelle. Voici un extrait de leur pétition :

« Les habitants du village des Ruines de la paroisse
« de Foncine-le-Haut, disent que cette paroisse est
« composée de différents cantons. Le village des sup
« pliants en est un éloigné de celui de la mère église
« d'une demi-heure et plus. Il y avait anciennement un
« oratoire qui est tombé par caducité : il n'y reste plus
« que la cloche dont les suppliants se servent pour son
« ner l'angélus. Ils ont formé le dessein, sous votre bon
« vouloir et agrément, de rétablir ledit oratoire pour y
« aller faire leur prière, principalement pendant le
« temps d'hiver ; les neiges y étant si abondantes dans
« le temps d'hiver, qu'ils ne peuvent qu'avec une peine

« extrême se rendre au canton de la mère église , sur-
« tout les vieillards, les infirmes et les enfants. »

M. Hugon , vicaire-général de Besançon , commit le
sieur Paulin, prêtre chapelain aux Planches , le 2 mai
1725, pour faire la reconnaissance. Ce prêtre, assisté
du vicaire perpétuel de Foncine, fit son rapport , et
l'autorisation fut accordée.

Cette chapelle possède quelques revenus qui servent à
son entretien ; elle a été bien réparée dans ces dernières
années ; et , comme nous l'avons déjà dit , le culte catholique n'y discontinua pas pendant les jours les plus
orageux de la révolution.

Nous avons parlé de l'oratoire de Saint-Roch , de celui de *Combe David*. Maintenant, il en existe trois autres,
celui du Bas-de-Ville , dit le Dieu-de-Pitié ; celui de
saint Joseph, et celui de sur la Côte. Le premier, érigé
en 1747; le second, en 1675 ; le dernier, en 1680.

Les habitants d'Entre-Côte avaient aussi fait entr'eux,
le 14 juin 1763, une convention pour ériger une chapelle. Le sieur Jean-Baptiste Jeunet, prêtre, donnait
pour cela toutes ses propriétés, et s'obligeait d'en être
le chapelain pendant toute sa vie. Nous ne savons ce
qui a empêché l'exécution de ce projet.

Après la révolution, Foncine-le-Haut fut érigé en cure
de canton. Les différents prêtres qui ont occupé cette
cure sont MM. Monnier, Pourchet, Saron , curé de Sel-
lières ; Lizon, curé actuel d'Arbois ; Créminger, curé de
Barretaine ; M. Tavernier, et enfin M. Monot, curé actuel, par les soins duquel l'église vient d'être recons-
truite, tant à l'aide de ses deniers que de ceux de la

fabrique, et du produit d'une souscription dont la liste sera prochainement publiée.

Voici l'extrait de l'autorisation :

« Nous préfet du Jura,

« Vu le projet dressé par l'architecte Borne pour l'agrandissement de l'église de Foncine-le-Haut;

« Vu la délibération du conseil de fabrique, et celle du conseil municipal relatives à l'exécution du projet;

« Vu l'avis de M. le sous-préfet de Poligny, du 18 avril 1846 ;

« Vu le rapport du conseil des bâtiments civils, du 5 mai suivant;

« Vu les budgets de fabrique et de la commune ;

« Vu le décret du 30 décembre 1809 et la loi du 18 juillet 1837; ensemble les réglements y relatifs :

« Avons arrêté ce qui suit :

« Le projet d'agrandissement de l'église de Foncine-le-Haut est approuvé, pour être exécuté au fur et à mesure de la réalisation des ressources de la fabrique.

« Le 2 juin 1846.

« Le préfet, THOMAS. »

Quoique la nécessité de cette reconstruction fût généralement sentie, il n'en est pas moins vrai qu'une faible coterie a fait tous ses efforts pour paralyser le bon-vouloir et empêcher les sacrifices des personnes bien disposées.

Foncine-le-Haut, le 23 novembre 1846.

LONS-LE-SAUNIER, IMP. DE COURBET.